Katharina Mauder

Lillys schönstes Weihnachtsfest

Mit Illustrationen von Irene Mohr

Kaufmann Verlag

„Gleich haben wir dich!", lacht Lilly ausgelassen.

Sie kann gar nicht genug bekommen vom Fangenspielen. Gerade hilft sie ihrem besten Freund, dem Maulwurf Otto. Der ist nämlich nicht so schnell, aber gemeinsam sind sie ein super Team. Und tatsächlich erwischen sie kurz darauf Konrad, den kleinen Waschbär.

Der nörgelt zwar ein bisschen, aber eigentlich ist er froh, nicht mehr herumrennen zu müssen und dann vielleicht noch zu schwitzen. Er beginnt sich das Fell zu schlecken, denn Konrad ist seeeehr reinlich.

Den vorlauten Dachs Spot zu fangen, ist schon schwieriger. „Ihr kriegt mich nicht, ihr Lahmis!", freut er sich. Aber am Ende fangen sie ihn doch.

Lilly strahlt. Mit den anderen Tierkindern herumzutoben ist einfach das Beste!

Am nächsten Morgen freut Lilly sich schon darauf, ihre Freunde wiederzusehen und mit ihnen im Wald zu spielen.
Früher wollte niemand ihr Freund sein. Lilly ist nämlich ein Stinktier. Nein, das ist keine Beleidigung. Stinktiere heißen einfach so, und zwar, weil sie wirklich ziemlich stinken. Aber zum Glück hat Lilly sich den Trick mit ihrer Blumenkette ausgedacht. Die duftet so wunderbar, dass sie den Stinktiergeruch völlig überdeckt.

Als Lilly nun aus dem Fenster schaut, bemerkt sie, dass es über Nacht geschneit hat. „Der erste Schnee!", flüstert sie und kann sich kaum sattsehen an der weißen Winterlandschaft. Ach, und bald ist ja auch Weihnachten. Es wird bestimmt ganz wundervoll, mit ihren Freunden zu feiern. Sie können gemeinsam Plätzchen backen, Lieder singen und natürlich den Christbaum schmücken. Hmm, womit sie Otto wohl eine Weihnachtsfreude bereiten könnte?
Lilly kann jetzt kaum noch erwarten, bis es endlich so weit ist.

Die Kasemaus

Nun muss Lilly sich beeilen! Bevor sie ihre Freunde treffen kann, braucht sie nämlich noch dringend frische Blumen für ihre Kette.
Draußen bekommt sie dann aber einen mächtigen Schreck: Der Wald und die große Wiese sind ja auch komplett zugeschneit!
Doch Lilly will nicht auf das komische Gefühl in ihrem Bauch hören und beginnt nach Blumen zu suchen. Sie sucht und sucht und gräbt im Schnee wie ein aufgeschrecktes Eichhörnchen. Aber sie hat keinen Erfolg. Alle Blumen, die sie findet, sind schon ganz verwelkt. Was soll Lilly jetzt bloß machen?

Lilly grübelt. Einfach wegwaschen kann man den Stinktiergeruch nicht. Er bleibt an einem kleben wie Kaugummi im Fell, nur dass man ihn natürlich nicht herausschneiden kann.
Aber vielleicht hilft es ja doch ein bisschen, wenn Lilly sich ganz-doll-besonders-extra-gründlich badet?

Beim Abtrocknen hat Lilly das Gefühl, dass der Geruch wirklich schon viel besser geworden ist. Wenn sie jetzt noch die alte Blumenkette trägt, sollte das doch genügen.
„Die ist zwar nicht mehr so hübsch, aber bestimmt duftet sie trotzdem noch gut", macht Lilly sich selbst Mut und läuft zur Lichtung, um ihre Freunde zu treffen.

„Igitt! Was stinkt denn hier so?“ Konrad hält sich die Nase zu, als Lilly sich nähert.
Sie erschrickt. „Ich glaub … das bin vielleicht … ich …“
„Waaas? Bist du in einen Hundehaufen getreten?“, fragt der Waschbär und leckt sich gleich zweimal über den Arm.
Lilly spürt einen Kloß im Hals. Sie murmelt, dass Stinktiere nun mal so riechen.
„Aber sonst hast du doch nie so gestunken?!“, mischt sich Spot ein.

„Das war wegen der Blumen …"
„Na dann hol dir doch bitte schnell neue", unterbricht Konrad sie. „Die um deinen Hals sind total verwelkt. Kann man auch verstehen bei dem Gestank!"
Lilly erklärt, dass es im Winter keine Blumen gibt. Der Kloß in ihrem Hals wird immer größer.
„Dann musst du dir was anderes einfallen lassen. So können wir nicht mit dir spielen!", bestimmt Konrad.
Lilly sieht erschrocken zu ihrem besten Freund, aber Otto schaut nur hilflos zurück. Sie weiß, dass seine Nase sehr empfindlich ist. Nun ist der Kloß so groß, dass Lilly kaum noch atmen kann. Als ihr dann auch noch Tränen in die Augen steigen, dreht sie sich um und rennt in den Wald.

Lilly rennt und rennt, obwohl sie vor lauter Tränen kaum den Weg erkennt. Als sie schließlich stehen bleibt und sich umschaut, sieht der weiße Winterwald überall gleich aus. Lilly hat sich verirrt. Da muss sie noch heftiger weinen. Was soll sie jetzt bloß tun?
Plötzlich hört sie eine brummige Stimme: „Aber, aber …"
Lilly erschrickt. Doch dann blickt sie in das freundliche Gesicht vom weisen, alten Großvater Dachs. Sie nimmt ihren ganzen Mut zusammen und fragt: „Wie kann ich jemand anderes werden?"
„Hmm ... Warum willst du das denn?"
„Damit mich meine Freunde wieder lieb haben. Niemand mag jemanden, der stinkt", erwidert Lilly traurig.
„Hatten sie dich denn bisher nicht richtig lieb?"
Lilly zögert. „Doch, schon … Aber nur, weil sie meinen Stinktiergeruch nicht riechen konnten." Lilly zieht die Nase hoch.

„Das heißt, dich haben sie eigentlich schon lieb. Nur haben sie jetzt etwas an dir entdeckt, das sie stört."
Der Dachs erklärt, dass Lillys Freunde ja schließlich auch Schwächen haben. Das stimmt. Konrad ist immer so etepetete. Spot ist ein richtiger Frechdachs. Und Otto … naja, Otto kann nicht besonders schnell rennen. Aber Lilly macht das alles nichts aus.
„Da müssen deine Freunde wohl noch einiges dazulernen. Manchmal reicht dafür einfach ein bisschen Zeit, manchmal muss man auch etwas nachhelfen. Aber an Weihnachten lacht ihr bestimmt schon gemeinsam darüber."

Aber klar doch! Bei den Worten von Großvater Dachs hatte Lilly eine richtig tolle Idee. Denn an Weihnachten duftet es ja auch immer ganz wundervoll. Nach Plätzchen und Tannennadeln. Und das ist doch genauso gut wie Blumen! Zu Hause angekommen, will Lilly ihre Idee gleich in die Tat umsetzen. Sie freut sich schon darauf, was die anderen wohl sagen werden.

Als Lilly zur Lichtung kommt, beginnen die anderen zu lachen.
„Hast du dich als Adventskranz verkleidet?“, prustet Spot los.
„Echt ulkig, dein Kostüm“, kichert auch Otto.
Lilly ärgert sich. „Hatschi! Das ist kein Kostüm! Hatschiii!“
„Ein erkälteter Adventskranz!“ Spot kann gar nicht mehr aufhören zu lachen.
Jetzt hat Lilly genug. „Ihr seid ja wohl die gemeinsten – Hatschi! – Freunde, die man haben kann!“, ruft sie zornig. „Ich hab mich so bemüht, einen Ersatz für die Blumenkette zu basteln! Hatschii! Es war mir egal, dass die Tannenzweige piksen und das Harz am Fell klebt. Und jetzt – Hatschi! Hatschiiiii! – bin ich auch noch gegen die Zimtstangen allergisch! Eigentlich wollte ich euch zu meiner Weihnachtsfeier einladen. Aber da hab ich doch lieber gar keine Freunde als welche, die mich nicht so mögen, wie ich bin.“
Den anderen ist das Lachen vergangen. Aber das bemerkt Lilly nicht. Sie wirft ihre selbst gebastelten Einladungskarten und die neue Kette auf den Boden.
„Dann stinke ich eben!“, ruft sie und läuft weg.

Otto sieht Lilly hinterher und spürt einen dicken Knoten im Bauch. Er hat ein schlechtes Gewissen, weil er Lilly ausgelacht hat. Dabei hatte er sich so gefreut sie wiederzusehen. Otto betrachtet die selbst gebastelten Einladungskarten. Die Weihnachtsfeier soll in fünf Tagen sein. Vorher will Lilly mit ihren Freunden Plätzchen backen.

Der Knoten in Ottos Bauch wird immer größer und fester. „Ich gehe jetzt zu Lilly und entschuldige mich. Und dann helfe ich ihr beim Backen.“
„Aber wie willst du ihren Gestank aushalten? Jetzt hat sie ja keine Kette mehr“, fragt Konrad.
„Dann schnitze ich mir halt eine Nasenklemme. Spot, leihst du mir dein Taschenmesser?“
„Klar, und ich komm sogar mit!“ Spot grinst Otto an.
„Ach, na gut, dann komm ich auch mit. Aber mir muss jemand beim Schnitzen helfen“, grummelt Konrad.
Otto freut sich schon auf Lillys Gesicht.

Als Otto, Konrad und Spot schon eine Weile gelaufen sind, fängt Konrad an zu quengeln. Ihm ist kalt und seine Füße tun weh.
Also beschließen die Freunde eine Pause einzulegen. Die nahe Waldhütte hat zwar keine Tür, aber sie bietet immerhin Schutz vor dem eisigen Winterwind.
Doch kaum sind die drei in der Hütte, hören sie von draußen ein tiefes Knurren. Kurz darauf erscheint ein großer Fuchs im Eingang. Er funkelt die drei Tierkinder böse an und kommt langsam auf sie zu.
In dem Moment ertönt hinter dem Fuchs eine vertraute Stimme.

„Hey, Rotschopf! Das solltest du dir aus dem Kopf schlagen!“
Der Fuchs dreht sich zu Lilly um und setzt sofort zum Sprung an. Doch Lilly dreht blitzschnell ihr Hinterteil in seine Richtung und spritzt ihm eine geballte Ladung Gestank ins Gesicht.
Der Fuchs jault auf und flüchtet in den Wald.
In dem Moment kommen Otto, Konrad und Spot aus der Hütte. Alle drei tragen ihre Nasenklemmen.
„Wo habt ihr die denn her?“, fragt Lilly schüchtern.
„Die haben wir vorhin geschnitzt. Wir waren gerade auf dem Weg zu dir“, erklärt Otto. „Wow, das war echt super, Lilly!“
Spot und Konrad nicken eifrig und Lilly wird ein bisschen rot.
Otto zögert. „Lilly … ich … ich wollte mich bei dir entschuldigen. Es tut mir leid, dass ich dich ausgelacht habe. Und … Lilly, ich hab dich echt vermisst! Und es ist mir egal, wie du riechst! Von mir aus trag ich den Rest meines Lebens eine Nasenklemme!“
Lillys Herz macht einen Sprung. „Das musst du nur im Winter!“

Endlich ist Weihnachten und die Freunde feiern ein gemütliches Fest in der Stinktierhöhle. Mit süßem Punsch und Plätzchen sitzen sie vor dem wunderschönen Weihnachtsbaum. Alles ist noch besser, als Lilly es sich jemals hätte vorstellen können.
„Was für ein Glück, dass du gerade noch mal auf dem Weg zu Spots Großvater warst!" Konrad leckt sich über den Arm. „Brrr … ich bekomme immer noch einen Plusterpelz, wenn ich an den Fuchs denke."
„Ja, manchmal ist dein Gestank richtig praktisch", pflichtet Spot bei. „Aber trotzdem gut, dass man dich bei all dem Weihnachtsschmuck hier nicht mehr riechen kann. Die Nasenklemmen sind auf Dauer nämlich echt unbequem!" Der kleine Dachs reibt sich die Schnauze und grinst Lilly an, sodass ihr ganz warm ums Herz wird.
Und Lilly ist sich sicher: Mit Freunden Weihnachten feiern ist einfach das Beste auf der Welt!

Bibliografische Information der Deutschen Bibliothek

Die Deutsche Bibliothek verzeichnet diese Publikation in der Deutschen Nationalbibliografie; detaillierte bibliografische Daten sind im Internet über http://dnb.ddb.de abrufbar.

1. Auflage 2012

Printed by Leo Paper
ISBN 978-3-7806-2861-9